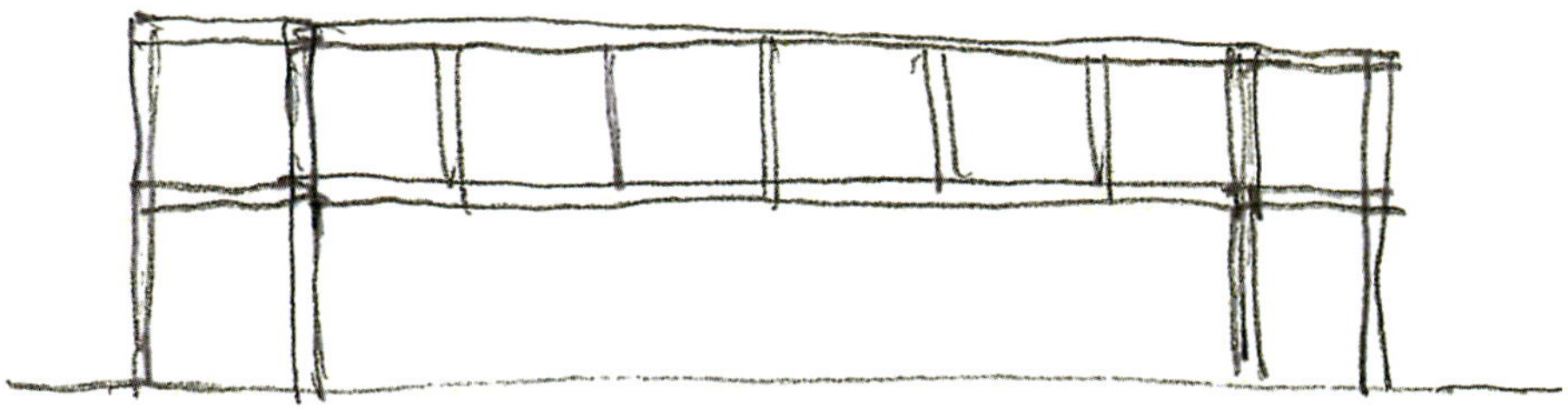

家を伝える本シリーズ

くうねるところにすむところ 30

坂茂の家の作り方

坂 茂

How to make Houses

Shigeru Ban

平凡社

私の家づくりの方法

私が家を設計するときに大切にしていることが二つあります。
その土地の特性を生かし、いかに家の内と外を連続させ、気持ちのいい空間を作るか、ということと、
その空間を実現するための適切な〝作り方〟、つまり、構法と構造材料のアイディアです。
ですから、できあがる「家のかたち」はかたちだけを作為的にデザインするのでなく、
大切な二つのことを考えて自然にできあがった適切な結果なのです。

構造材料としては、さまざまな身の周りにある素材をもともとの用途とは違う方法で使います。
例えば、再生紙の紙筒「紙《し》管《かん》」、ビールケース、海上輸送用コンテナ、
布、竹なども建築材料として使います。
そうすることで、ローコストで作りやすい、新しい「家のかたち」が生まれます。

次に気持ちのいい空間を作ります。
人にとって気持ちのいい場所は、世界のどこの国の人にとっても共通で、
縁側のような、外と内の中間的な領域なのです。

そこで、景色や光や陰影や、風を楽しみ、皆で語り合います。
外と内の空間を連続させるためには、大きな窓を開ける必要がありますし、
そのため、ガラスの引戸を何枚も開けたり、
工場用に作られたガラスのシャッターを使って大きな開口を作ったりして
外と内の境界をなくします。
するとそこには、室内でも室外でもない、あいまいだけど、
自然や時間の移り変わりが感じられる気持ちのいい場所が生まれます。

でも、家を作るときに一番大切で難しいのは、
一人一人違う住み主の要望をすべて同時に満足させることです。
要望は相反することもあるからです。

それでは
そんな住み主の要望をかなえ、
新しい構法を駆使して、
どうやって気持ちのいい家を作るのか。
私の家の作り方を一緒に見ていきましょう。

紙の家

「紙管ってなに？」

紙管は、再生紙でできた紙筒です。紙ならどこでも手に入りやすい。

紙なのに筒状に巻いてあるのでとても強く、軽く、運びやすい。紙なのでとても柔らかな感じがする。

紙の柱に囲まれた「家のかたち」を考えました。

Paper House

'What is a paper tube?'

A paper tube is made of recycled paper.
Paper is a material that can be found just about anywhere.
Even a material that is often thought to be thin and weak can become at once strong, light, and portable when made into tubes. Plus, paper has a soft, natural, and livable texture.
We thought about what it means to inhabit a form of 'home' surrounded by these paper tubes.

紙のログハウス

紙の性質をよく活かした
「家のかたち」が
紙のログハウスです。

これは、ビールケースが
基礎になっています。

この家は阪神大震災によって
家を失った元難民の
ベトナム人たちのための
仮設住宅です。

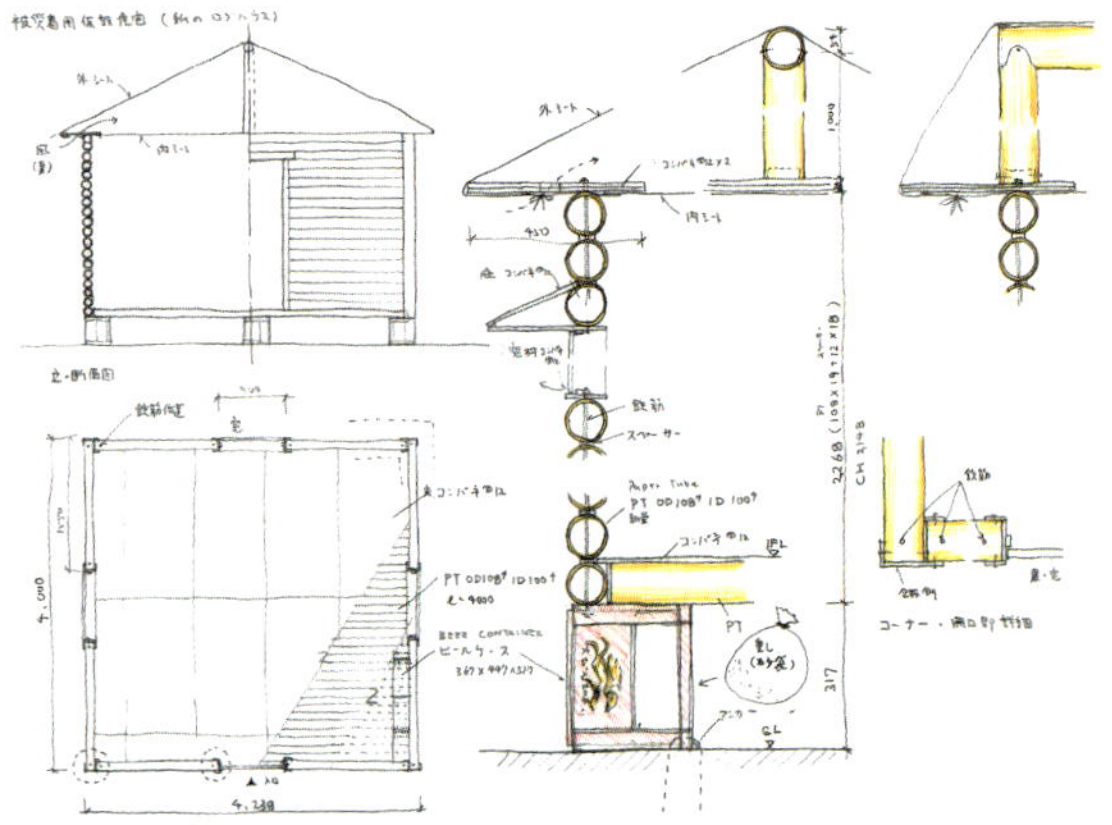

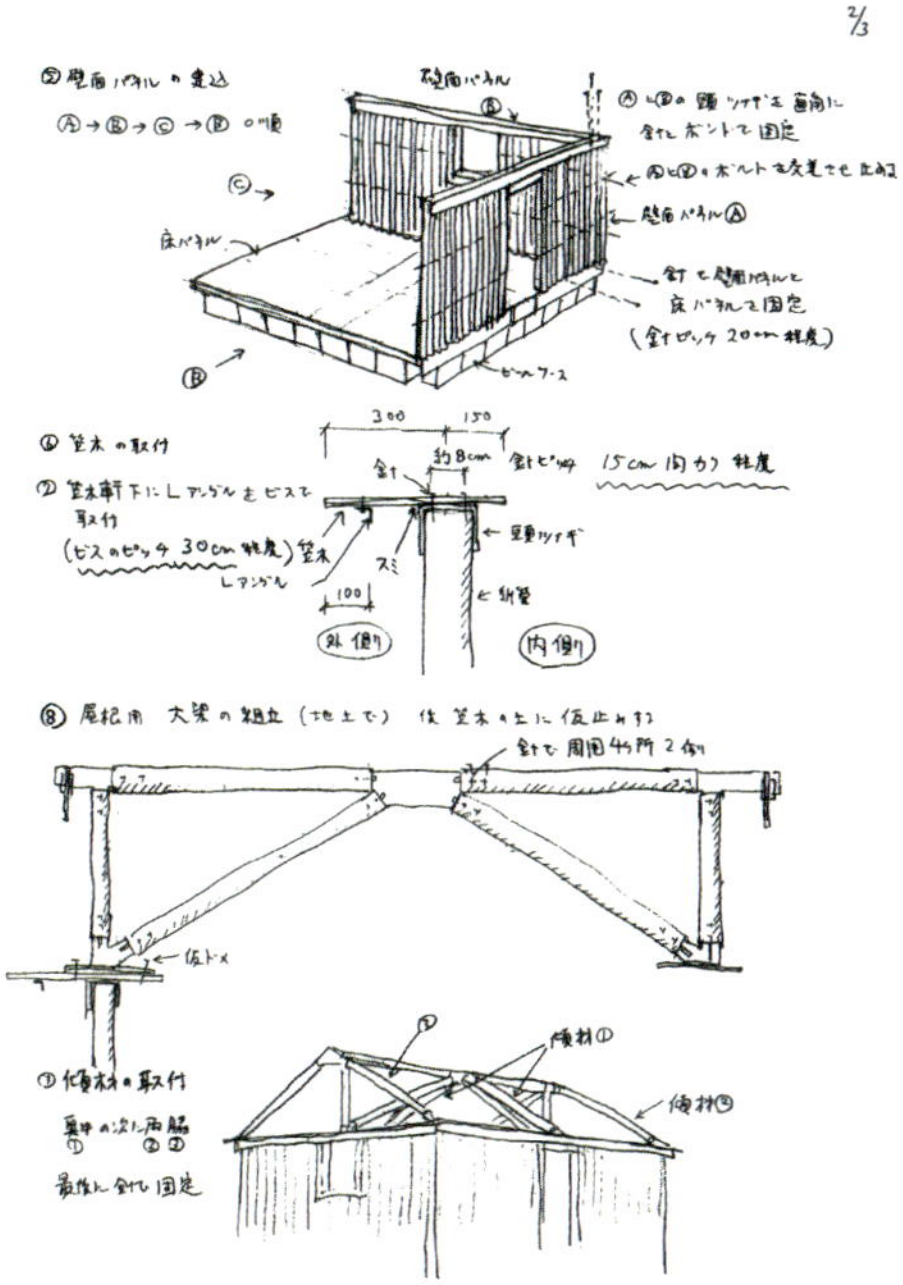

Paper Log House

The Paper Log House is a form of 'home' that takes full advantage of the material properties of paper.

Beer crates make up the foundation of the Paper Log House.

These houses became temporary residences for Vietnamese refugees after the Great Hanshin earthquake.

避難所用 紙の間仕切りシステム［PPS］

2011・3・11
東日本大震災が発生しました。
多くの人びとが体育館などに避難して
仮の生活を余儀なくされます。
ここでも紙が活躍しました。

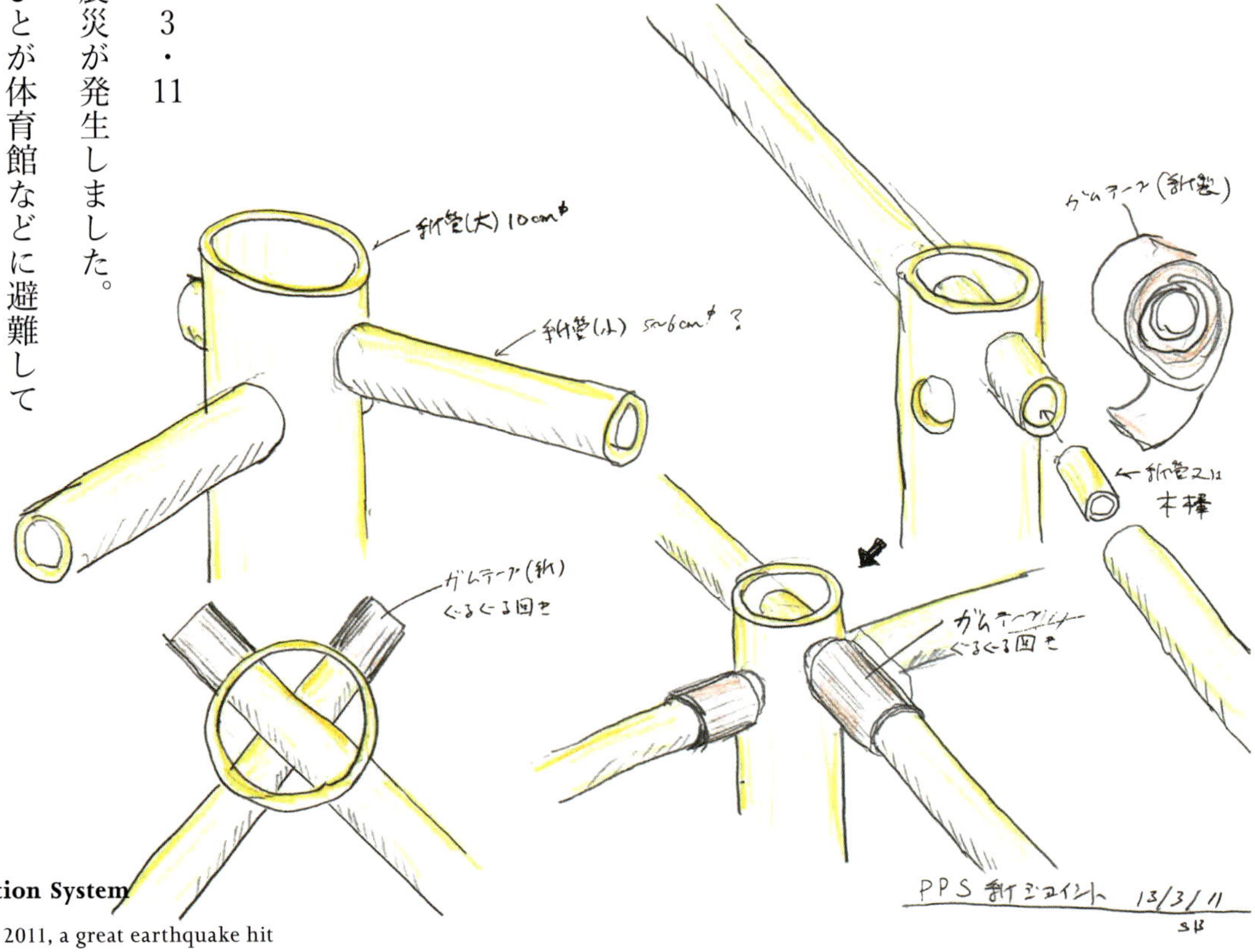

Paper Partition System

On March 11, 2011, a great earthquake hit the Tohoku region of Japan.
Many citizens were forced to take refuge in school gymnasiums, where they started their temporary lifestyles.
Even here, paper had a crucial role.
The versatile nature of paper helped protect each family's privacy, and provided even the slightest sense of comfort and security to the earthquake victims.
This, too, became a form of 'home.'

なによりも紙の持つ扱いやすさで
人びとに家族ごとのプライバシーと
少しの安心感を与えることができたのです。
これも小さな「家のかたち」なのです。

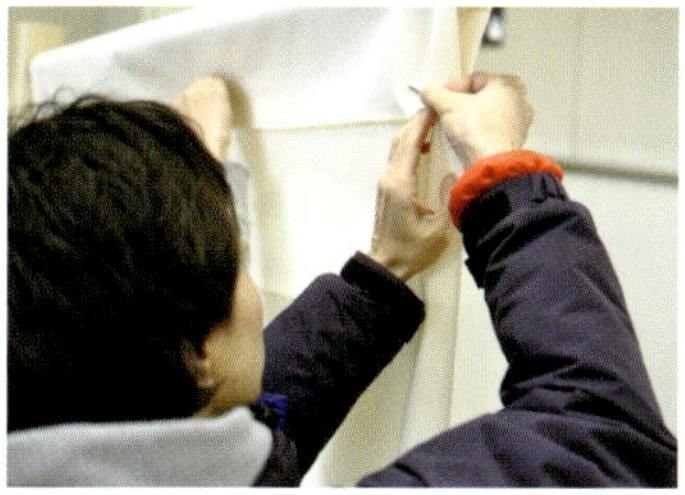

コンテナの家

コンテナを使って多層の仮設住宅を
十分な平地がない被災地に作れないかと考えました。
コンテナをいろいろと調べてみます。

コンテナは丈夫《じょうぶ》。コンテナは重ねられる。
コンテナは運びやすい。コンテナは量産できる。
これはコンテナが生みだした「家のかたち」なのです。

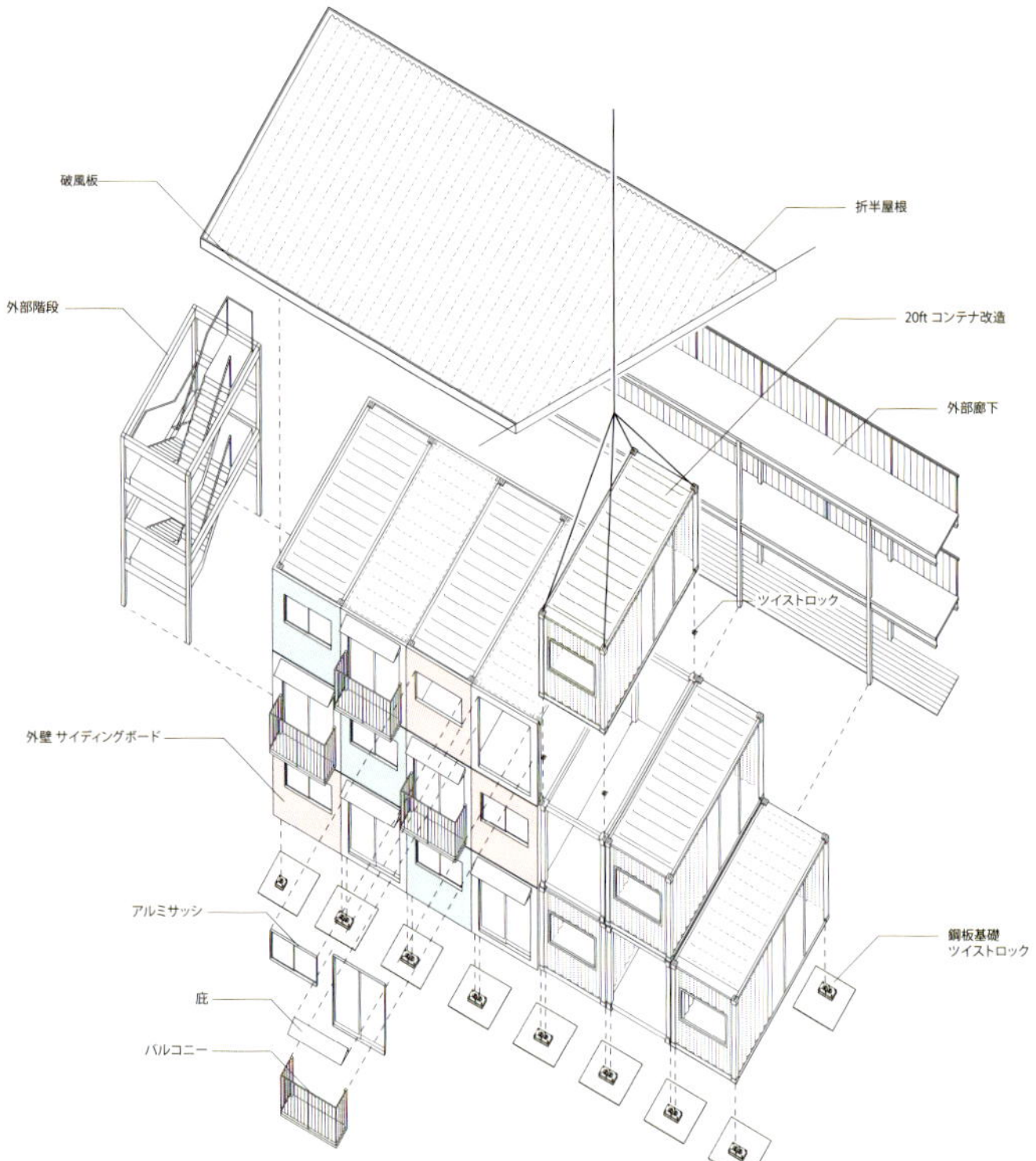

アクソノメトリック

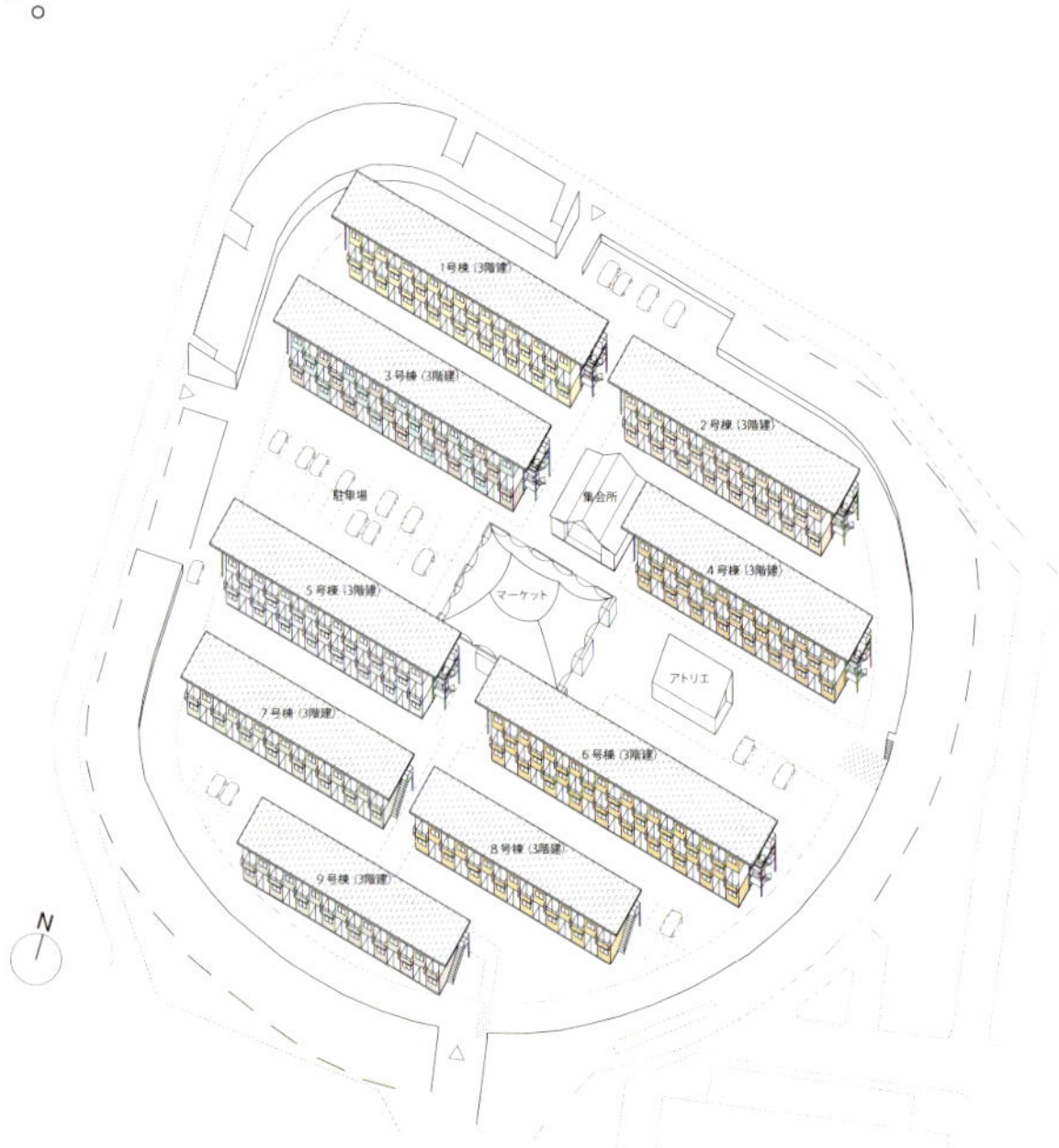

全体 アクソノメトリック

Container House

In a disaster-sricken area with insufficient flat land to rebuild, we considered shipping containers as a material fit to provide multi-storied temporary housing units.

We studied the shipping container and its properties.

Shipping containers are sturdy. Shipping containers can be stacked.

They can be easily transported. And they're mass-produced.

Even a shipping container can transform into a form of 'home.'

家具の家

家具が建築の構造になった家です。

「えっ！　家具が家の構造なの？」

驚いたでしょう。

ほら、家の中は家具しか見えない
「家のかたち」なのです。

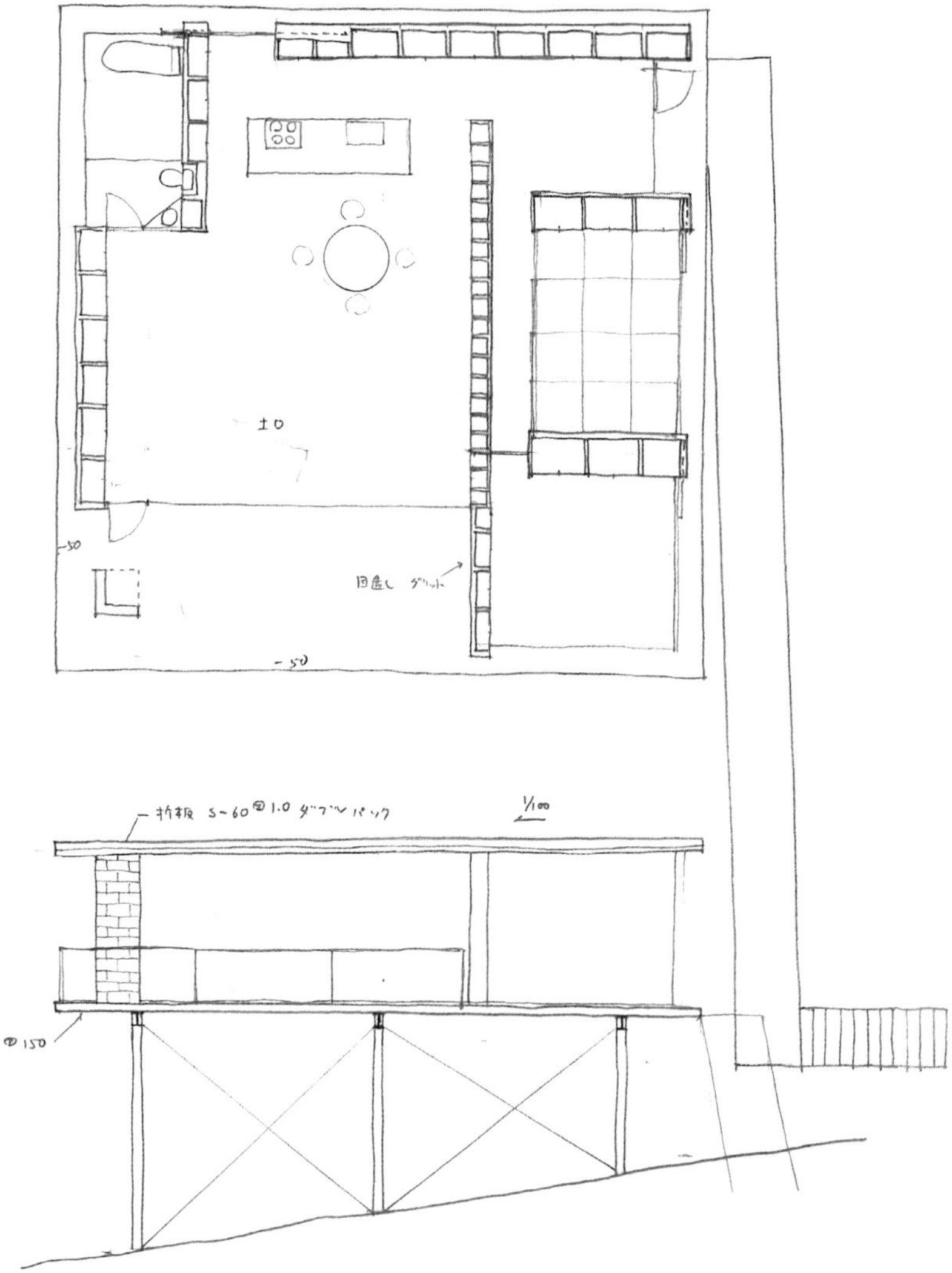

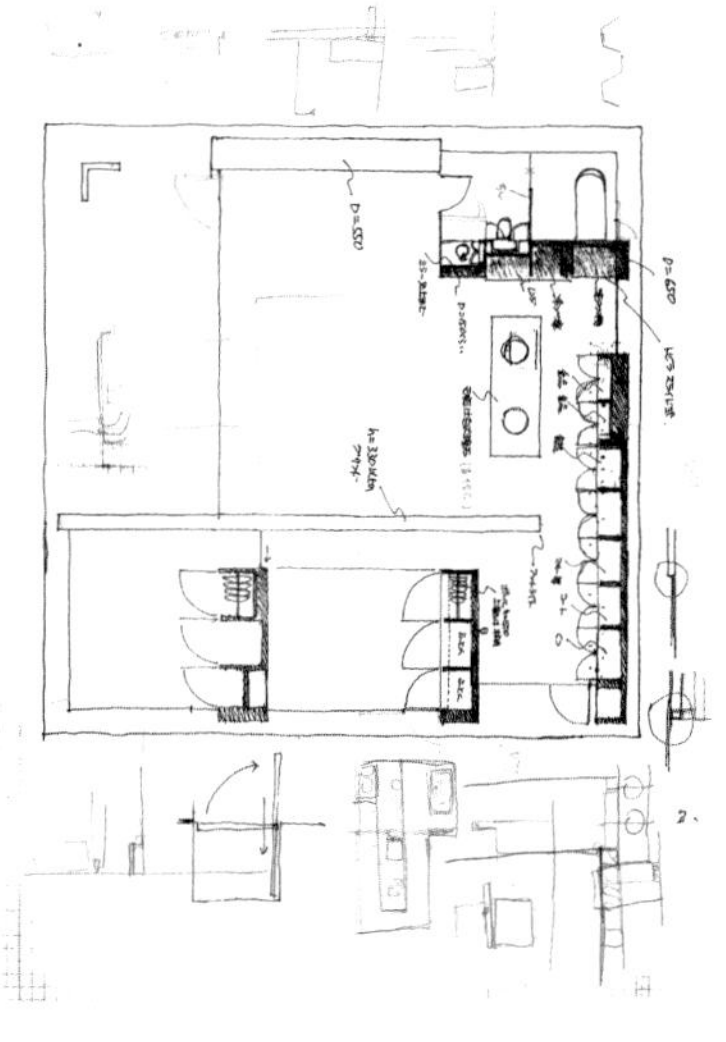

Furniture House

The structure of this house is made up of its furniture.

'A house that's held up by furniture?'

It's true—there are no columns to be seen in this house. Only furniture.

This is a new form of 'home.'

ダブル・ルーフの家

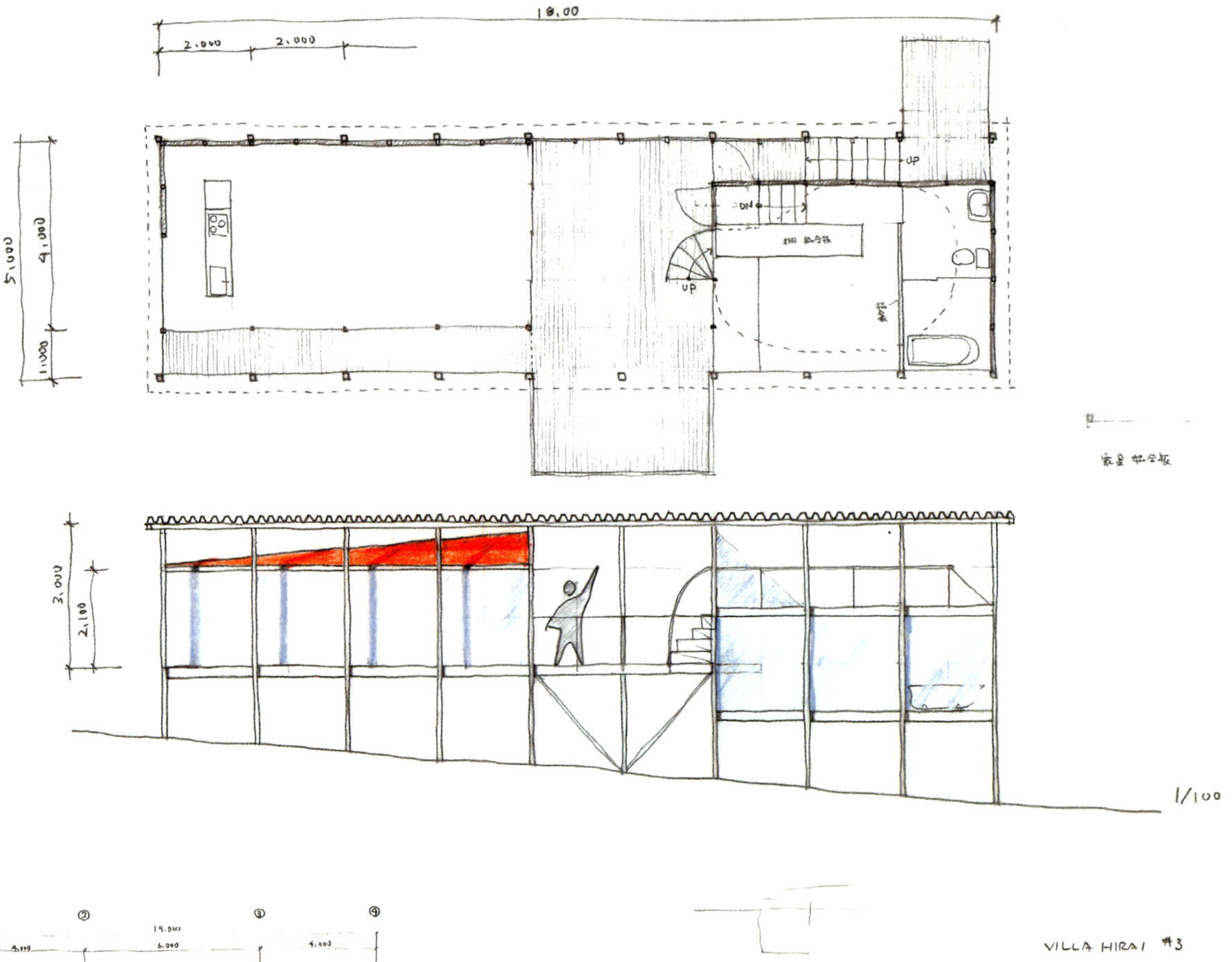

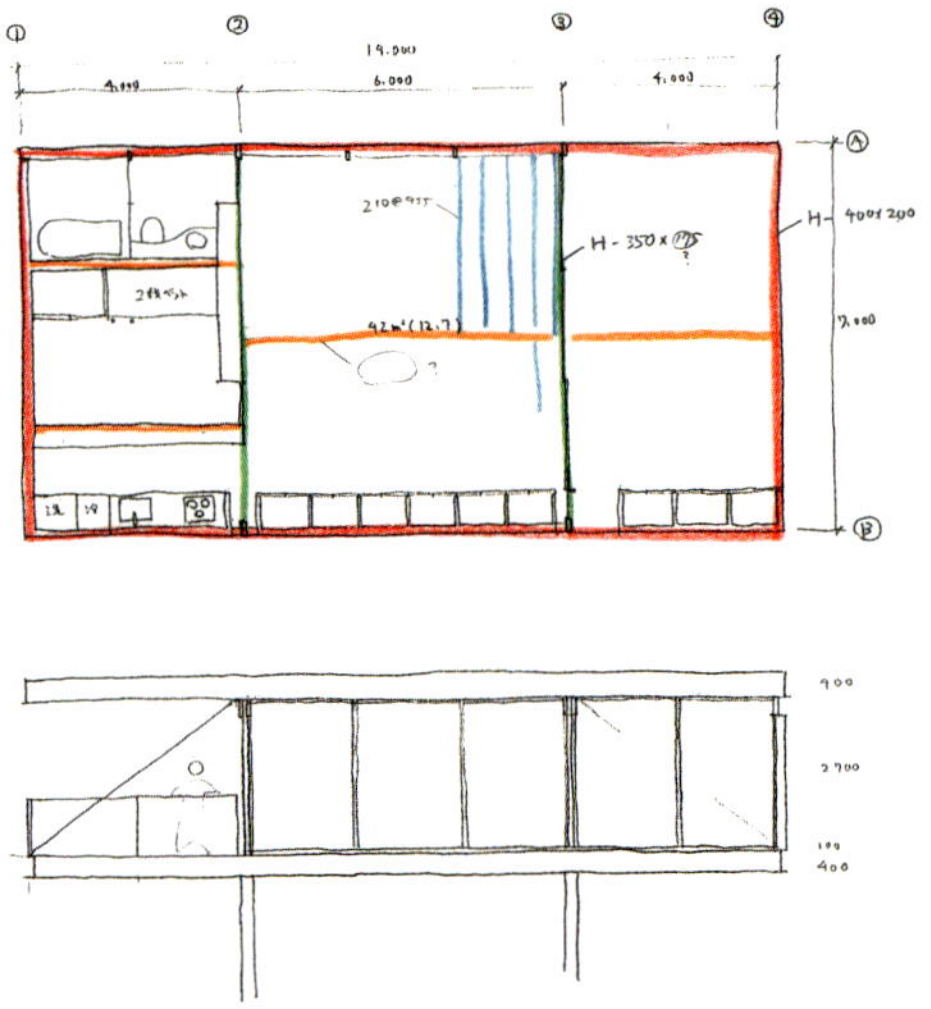

大きな屋根の下に
小さな屋根をいくつも
持つ家です。

こうすることによって
気持ちのいいテラスや
デッキが生まれ
部屋の断熱効率も高まり
快適さが増します。

屋根を工夫して生まれた
気持ちのいい
「家のかたち」なのです。

House of Double-Roof

This is a house with a big roof that hovers over numerous smaller roofs. Terraces and decks are made possible by these roofs. The roof system increases the temperature efficiency of each room, making it a pleasant space to inhabit.

A new way of thinking about the roof created a new, comfortable form of 'home.'

竹の家具の家

竹が手に入りやすい土地での家です。
竹を材料にした家を作りたいと
思いました。
まず、竹を使った板材を作ります。
板材にすると家具が作りやすくなります。
これは、竹の家具でできた
「家のかたち」なのです。

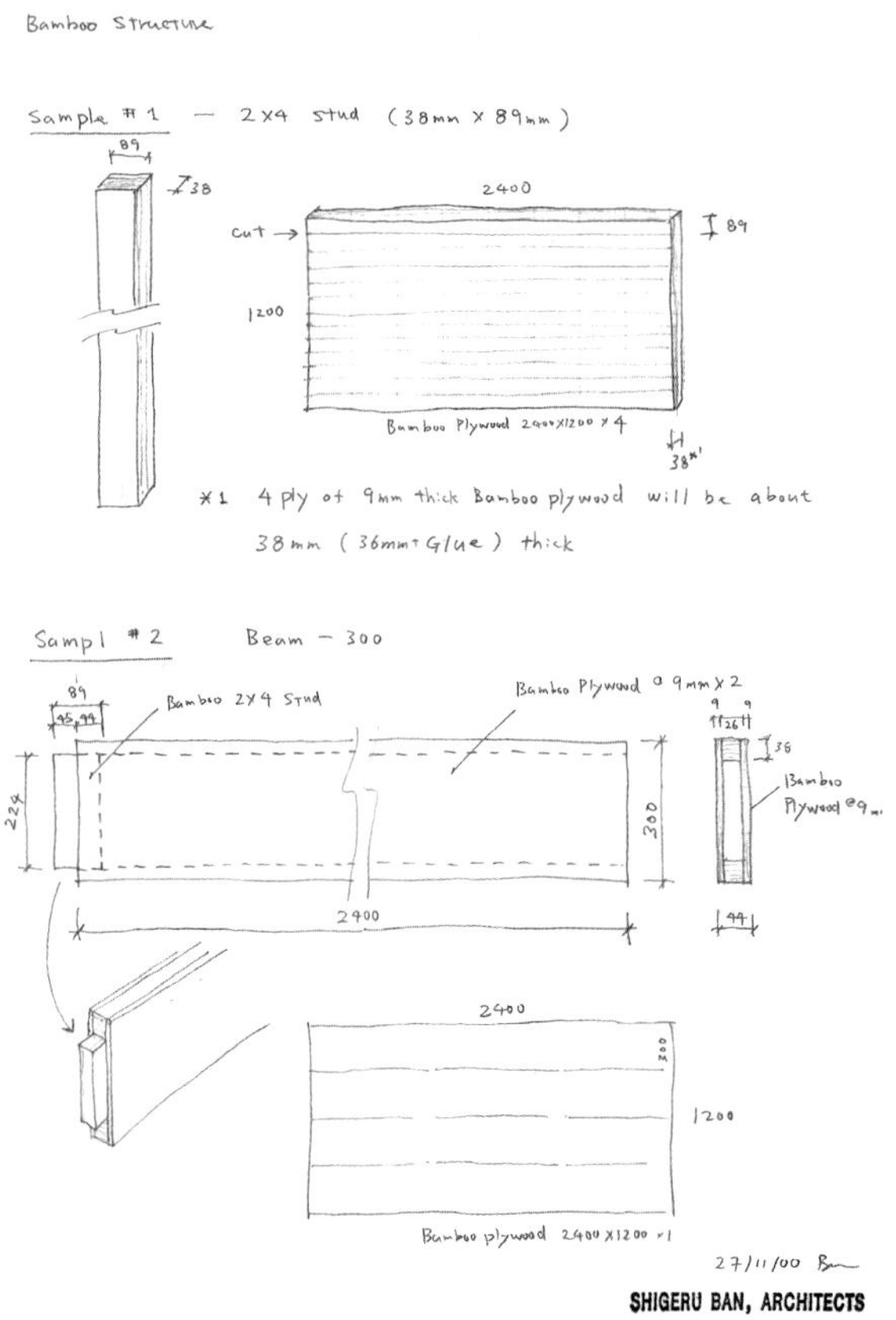

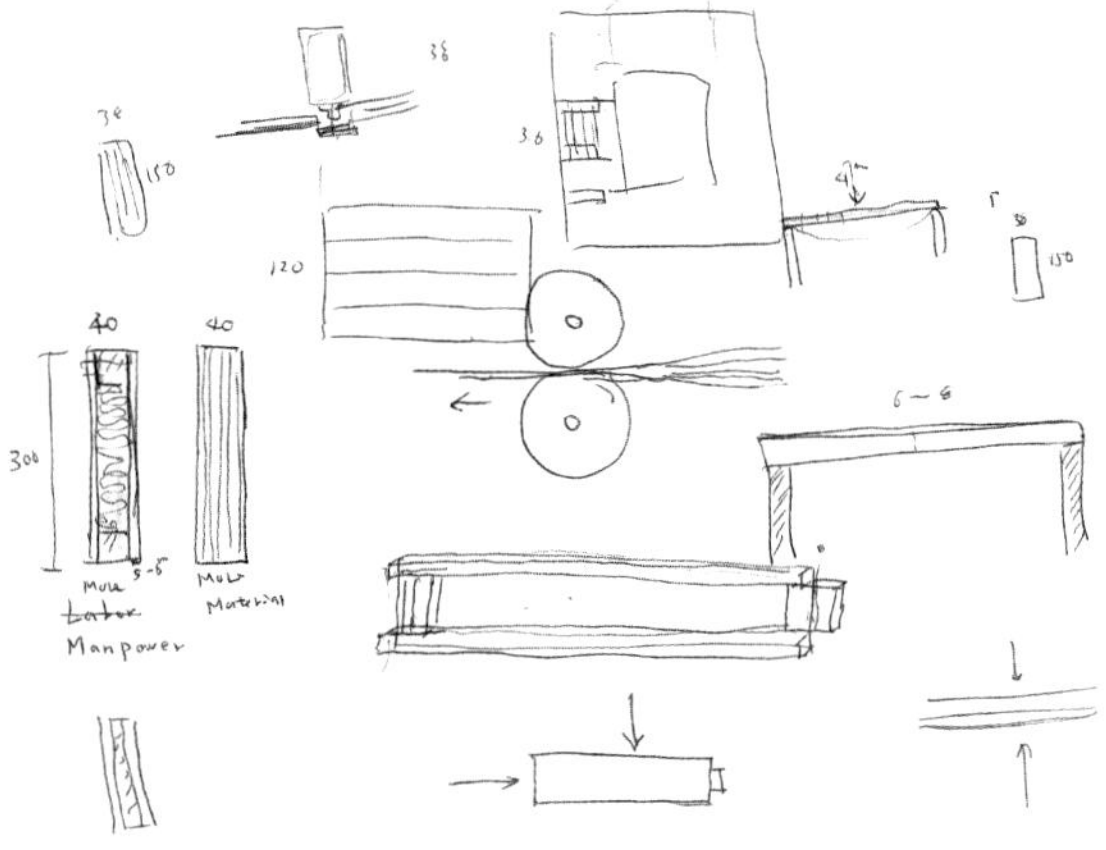

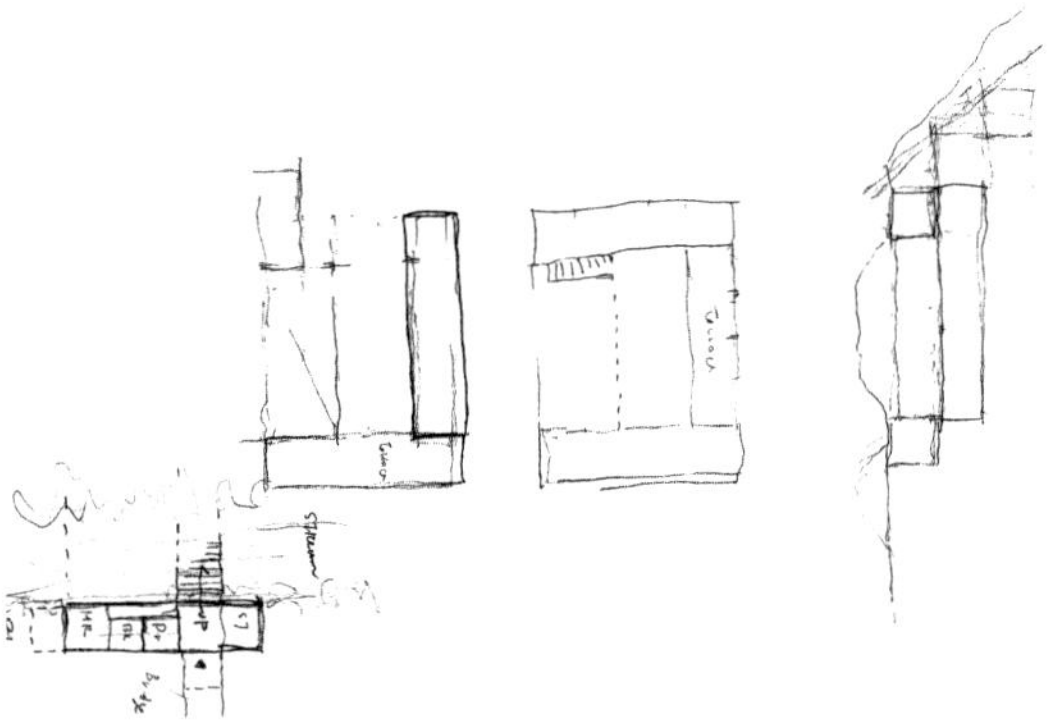

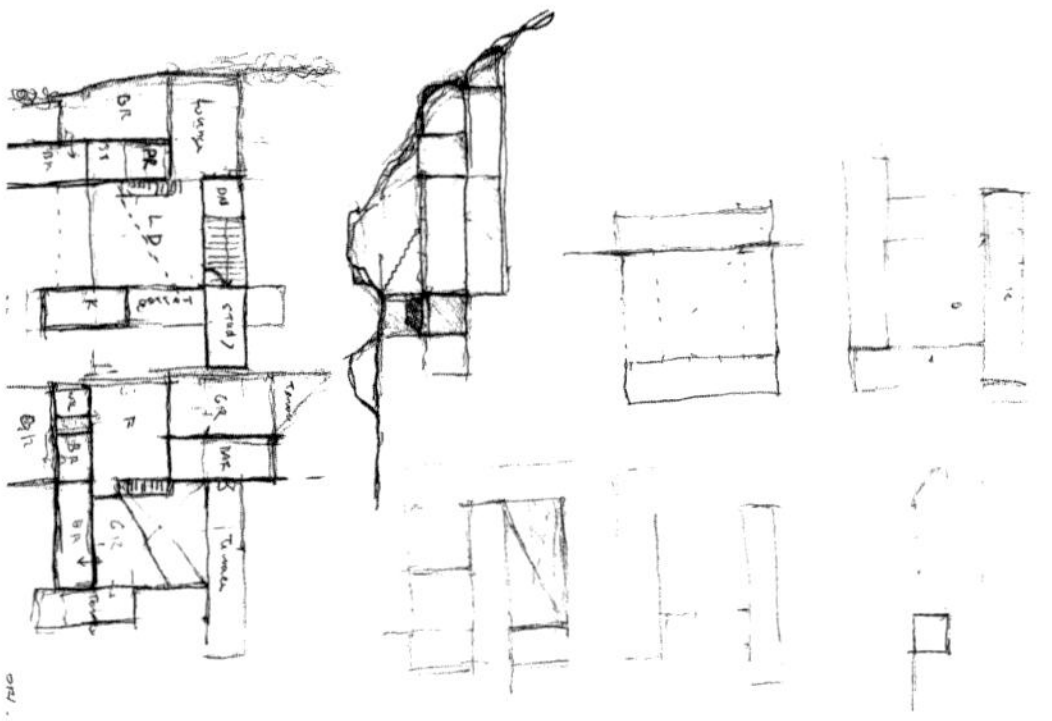

Bamboo Furniture House

Bamboo can be easily acquired in the site of this house.

Naturally, we thought to make a house out of bamboo.

The bamboo was cut and prepared into boards called lumber that could be easily used to make furniture.

This is a form of 'home' made of bamboo furniture.

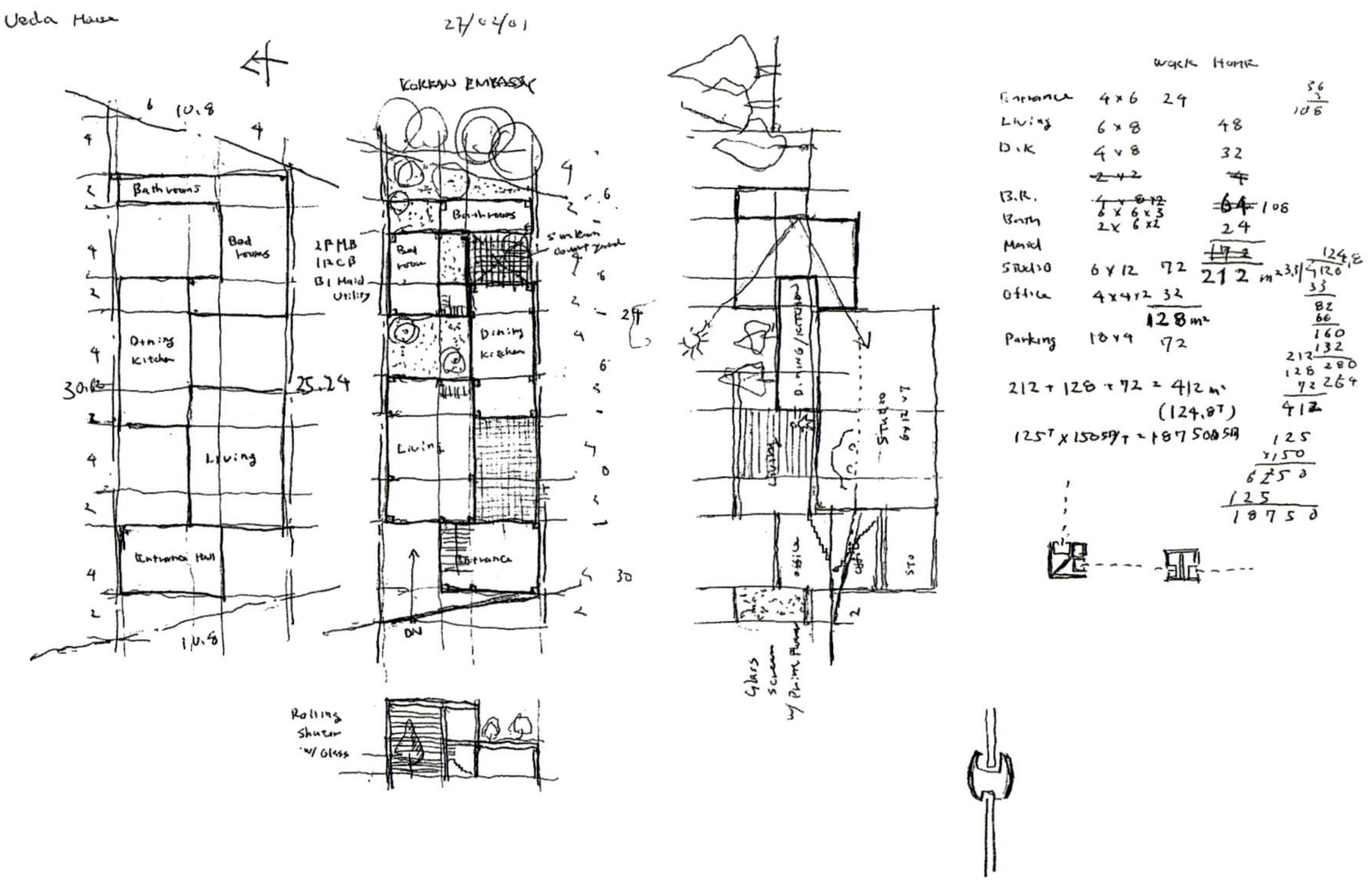

シャッターの家

シャッターは家の戸締まりのための装置です。
シャッターを主役にした
「家のかたち」を考えました。

家の中のいくつもの
ガラスのシャッターを昇降すると
内外の空間が連続したり仕切られたり
空間の表情が変化して
とても気持ちのいい家ができました。

Shutter House

Shutters are typically used to block a house from the outside.
We thought to make the shutter the main feature of this 'home.'
By opening and closing the many glass shutters in the house, the spaces transform between small and big, inside and outside, intimate and vast.
The house constantly changes shape.

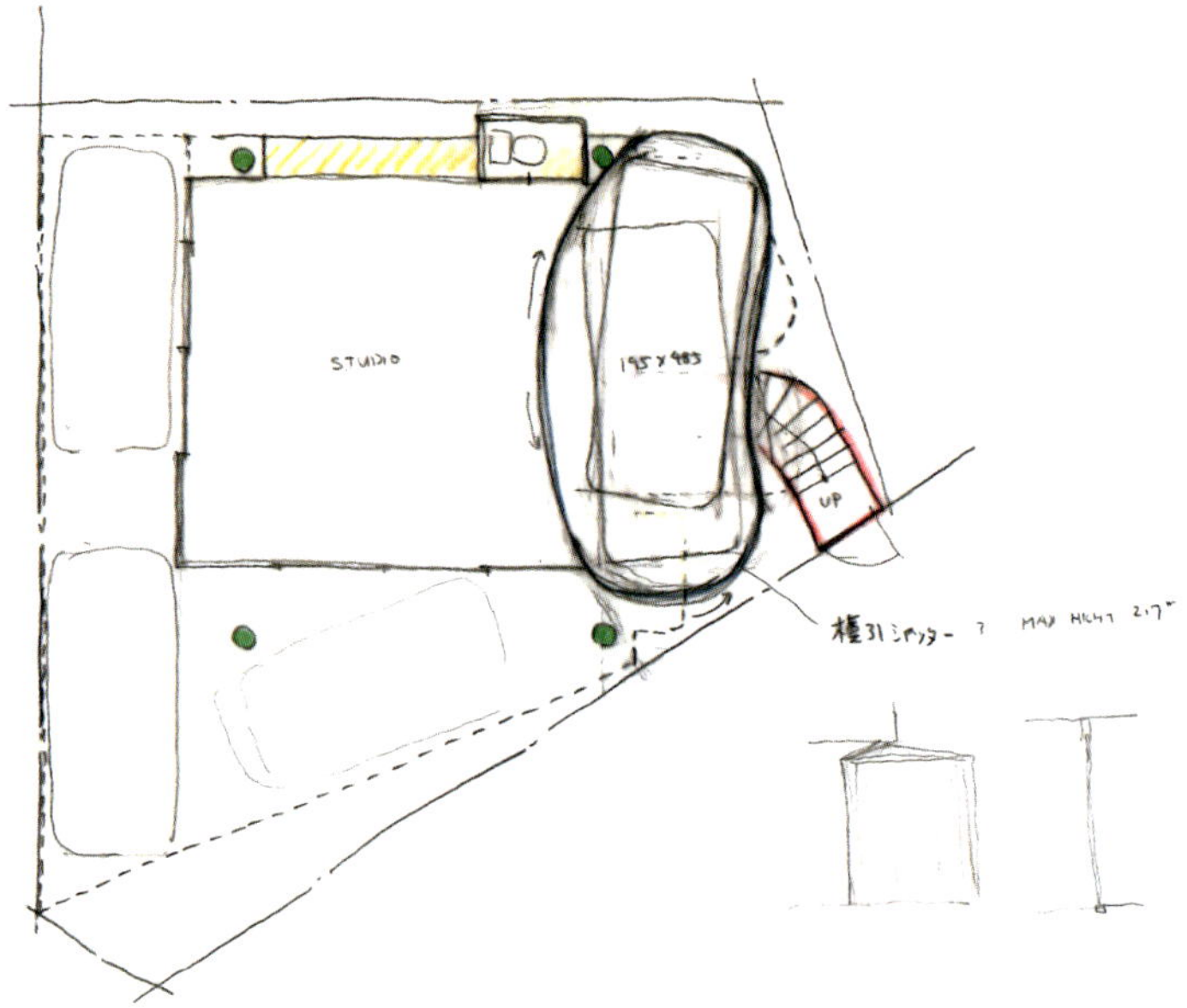

カーテンウォールの家

大きくて、風に舞うような
軽いカーテンが主役の家です。
まちの中に、突然、大きな白いカーテンが
家の中から舞い上がります。
まちの中にそよ風のようなさわやかな
驚きを生みだす「家のかたち」なのです。

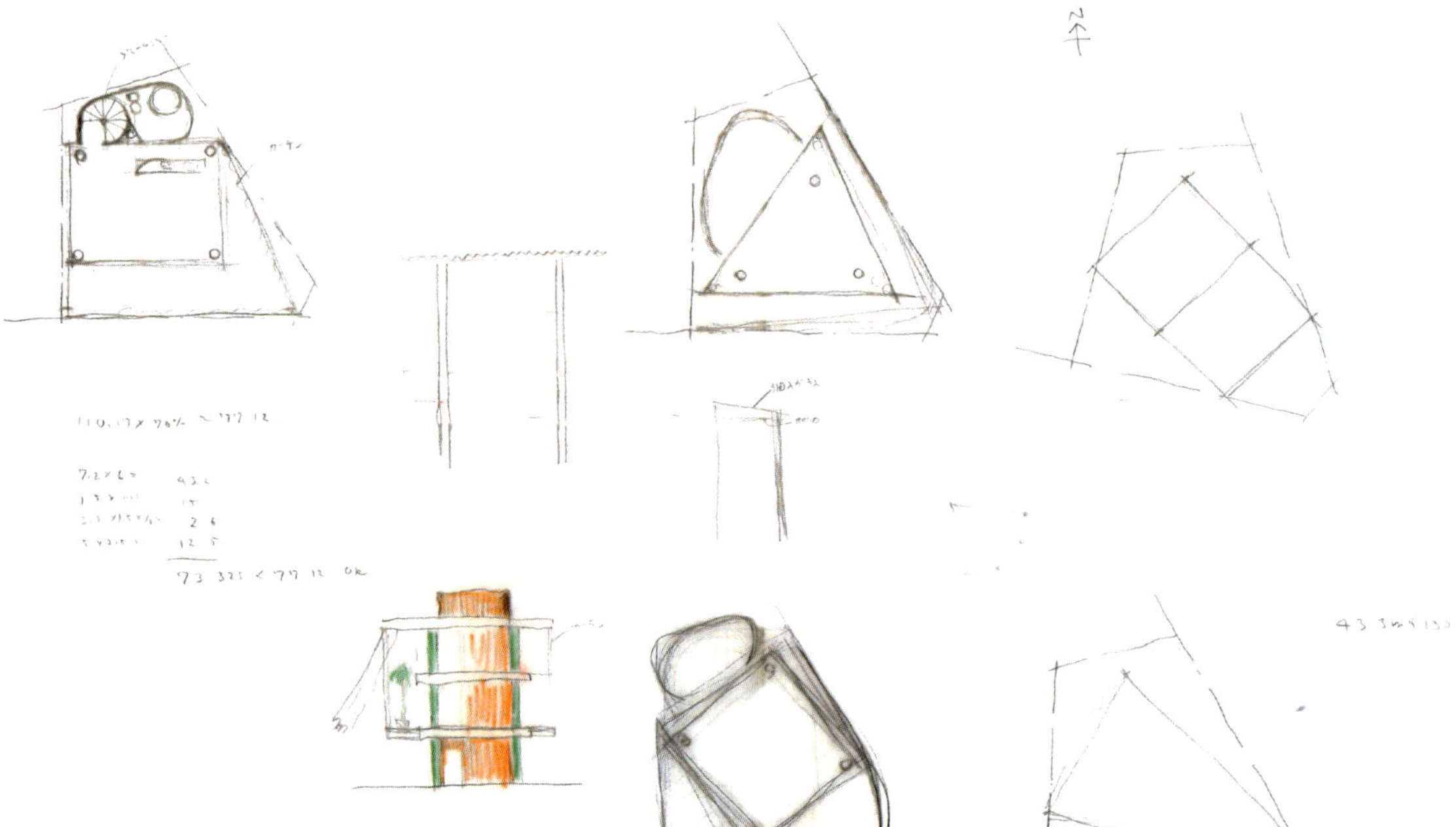

Curtain Wall House

The main feature of this house is a large, flowing curtain as light as the wind.

The large, white curtain—seemingly out of place in the middle of the city—dances with the wind that flows through the house.

This 'home' is a pleasant surprise to those who come across it, much like a gentle breeze that flows through the city.

ピクチャー・ウィンドウの家

大きく、ワイドに風景を切り取るウィンドウが主役の
「家のかたち」を考えました。
家の中のどこからも
大きな広がりのある眺めが楽しめるのです。

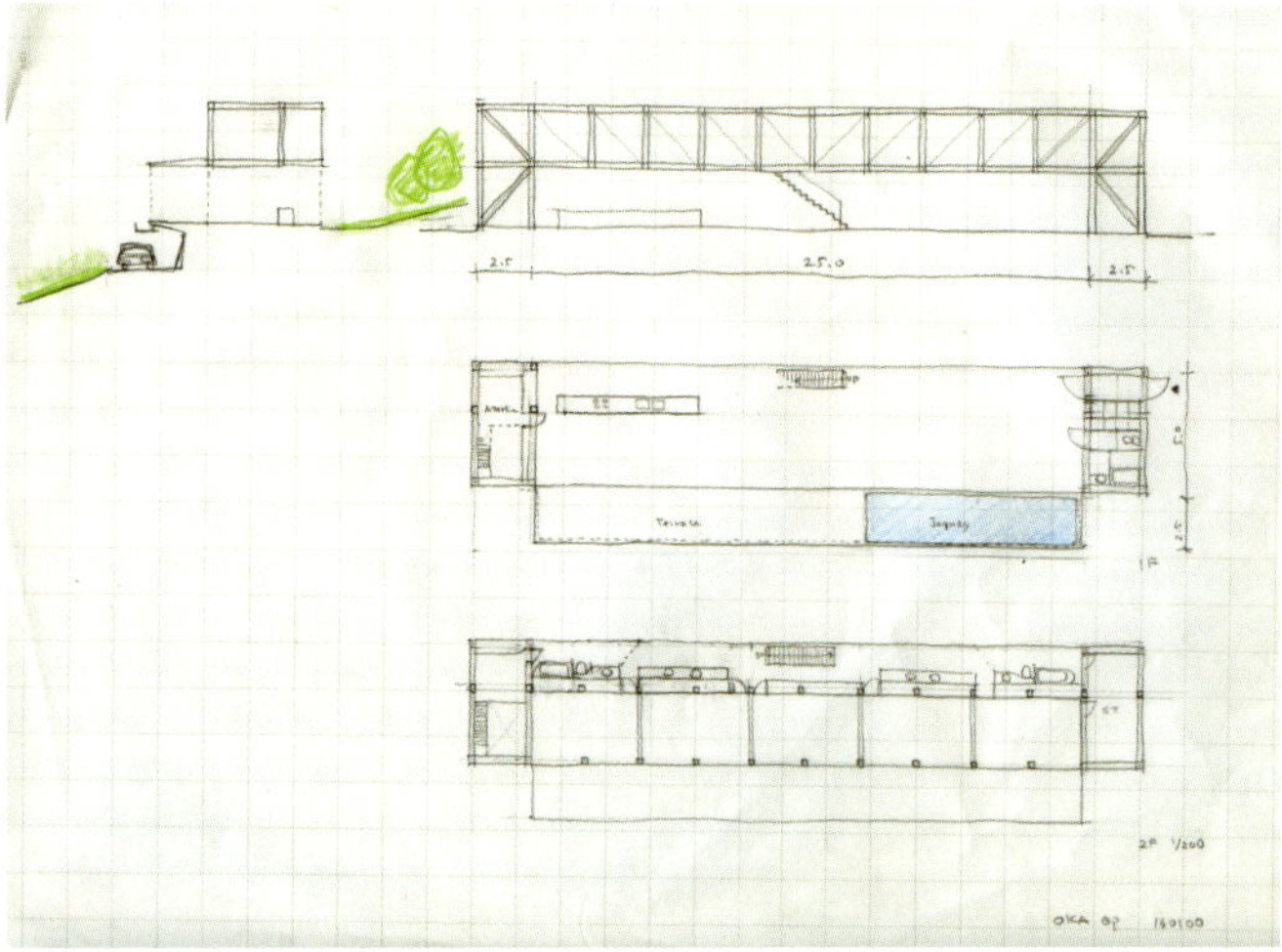

Picture Window House

A window that frames a big, wide landscape takes the lead role in this 'home.'

The vast feeling of the big, wide landscape can be felt from anywhere in this house.

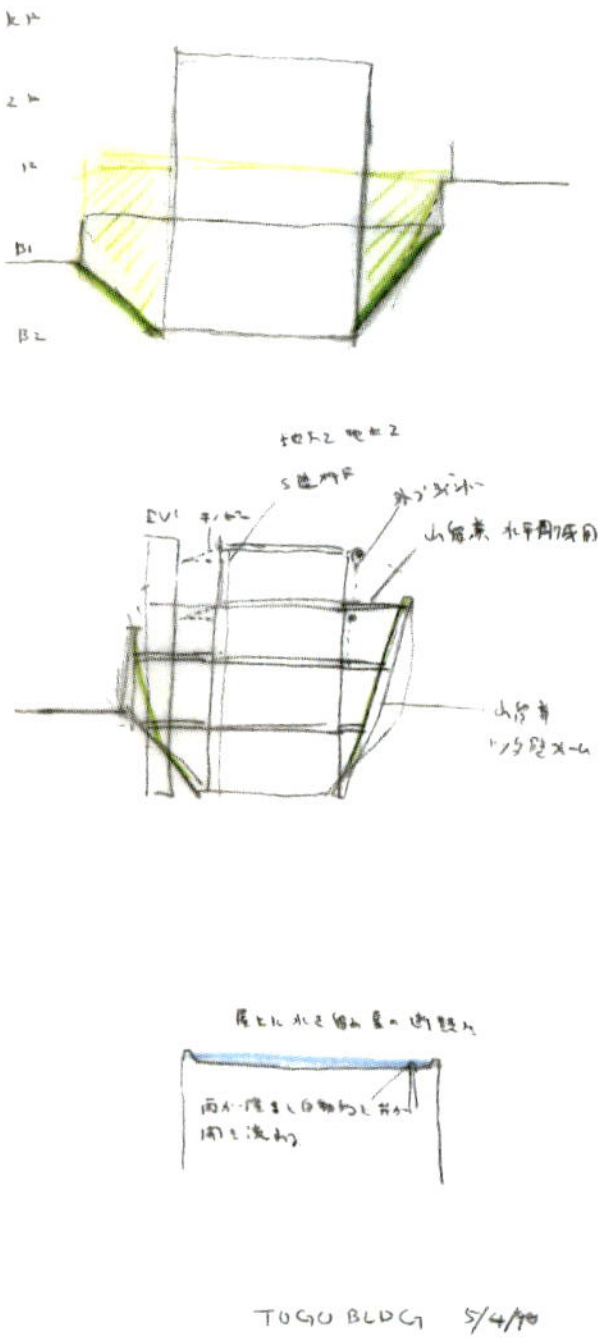
TOGO BLDG 5/4/98

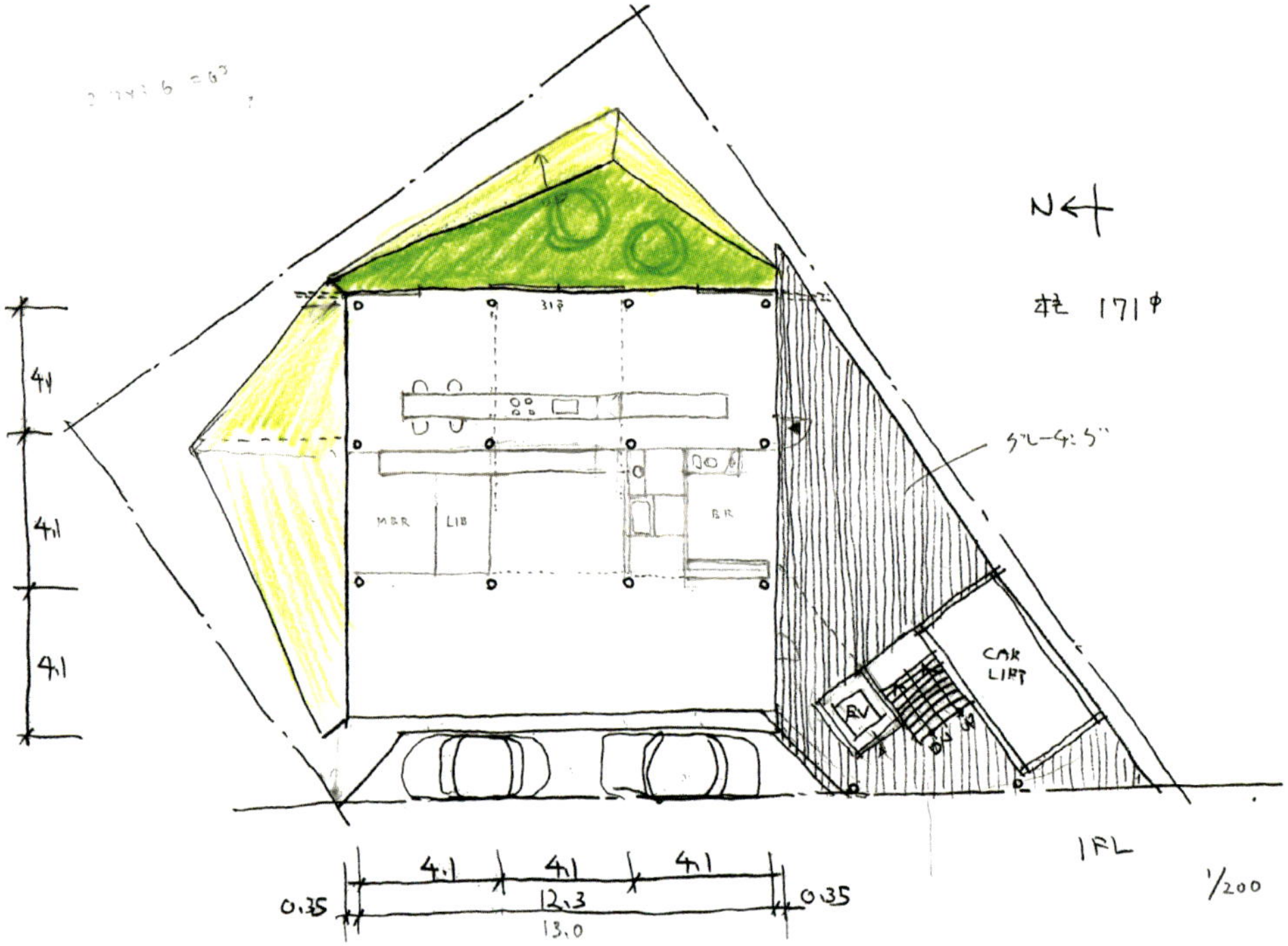
N
柱 171φ
CAR LIFT
MBR
LIB
BR
4.1
4.1
4.1
0.35
12.3
13.0
1FL
1/200

アイビー・ストラクチャーの家

家の周囲の目隠しのツタの壁が、地震による家の横揺れを吸収する役割をします。柱は細く、耐震壁がまったくない透明な空間が生まれる「家のかたち」ができあがりました。

Ivy Structure House

An ivy wall meant to block views into the house from outside also supports the house and protects it from earthquakes.
Thin columns support the house, making thick, solid walls unnecessary.
This new form of 'home' provides a feeling of transparency between spaces.

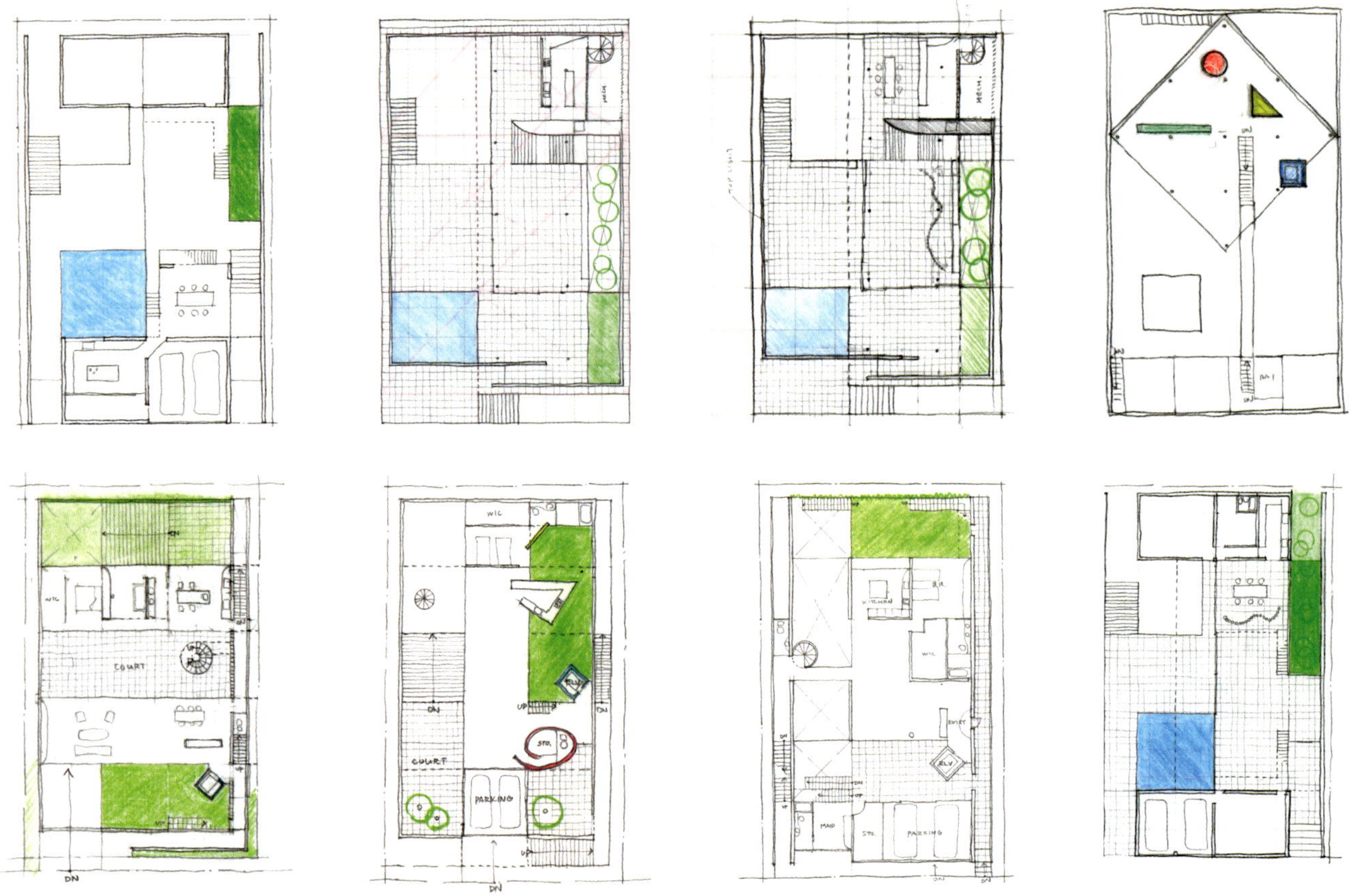

2/5の家

長方形の敷地を
細長い5つの矩形に分け
5つのうち、3つを
コートヤードにし
2つ（2／5）を
屋内空間にしました。

引き戸を開くと
5つの空間全部がつながる
「家のかたち」が生まれました。

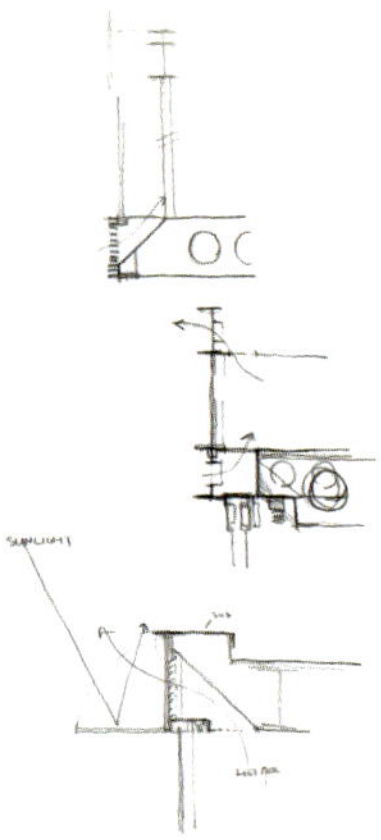

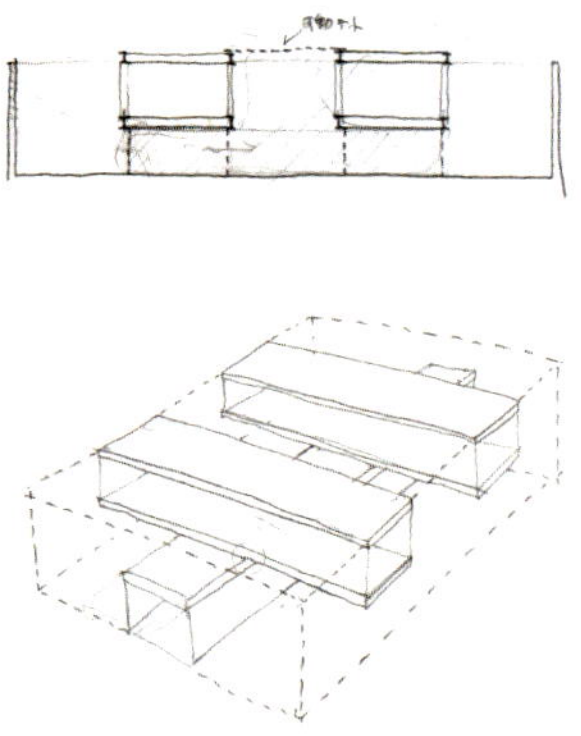

2/5 House

Splitting a rectangular site into 5 long parts,
3 parts were turned into courtyard space, while the
remaining two became indoor spaces.
This 'home,' while divided into a 5-part grid,
becomes one space just by opening the sliding doors.

はだかの家

なにも家の中を遮《さえぎ》るもののないスッポンポンな「家のかたち」の家です。

個室となるボックスもキャスターが付いていて家の中を、そして外を自由に移動できます。

家の乳白色の外皮も外の光を淡く通して、一層はだかの家らしくさせています。

まるで心がはだかになれる気持ちのいい温室のような家になりました。

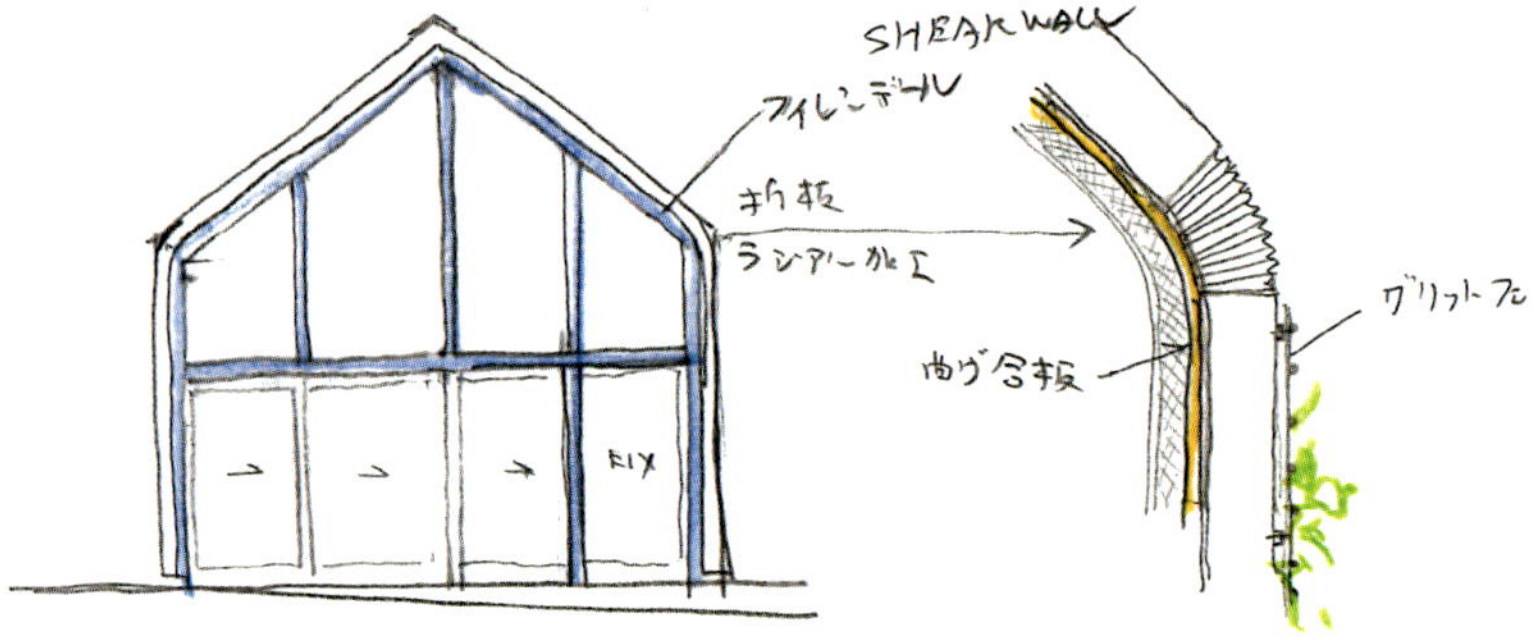

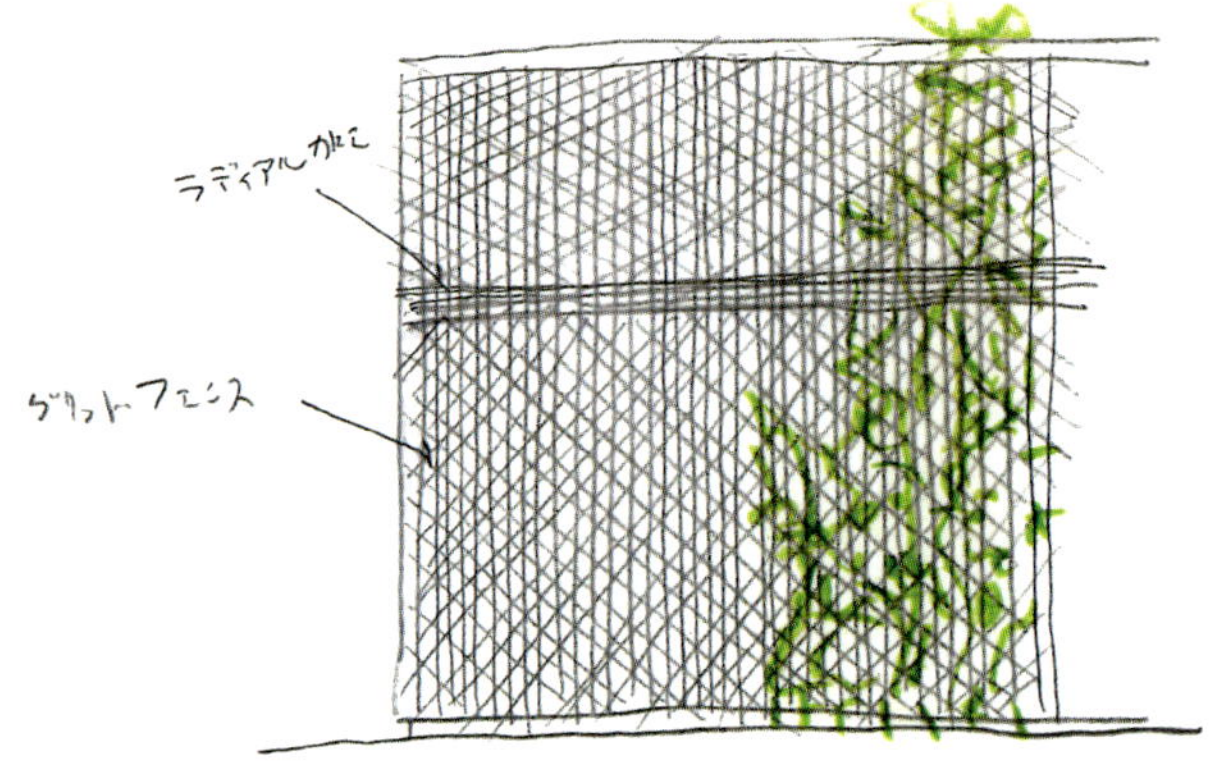

Naked House

This new form of 'home' is a completely naked house.

The rooms of this house can be rolled on casters, and moved freely within and outside the house.

The translucent white walls of the house let in a glow of light, making the house all the more 'naked' throughout.

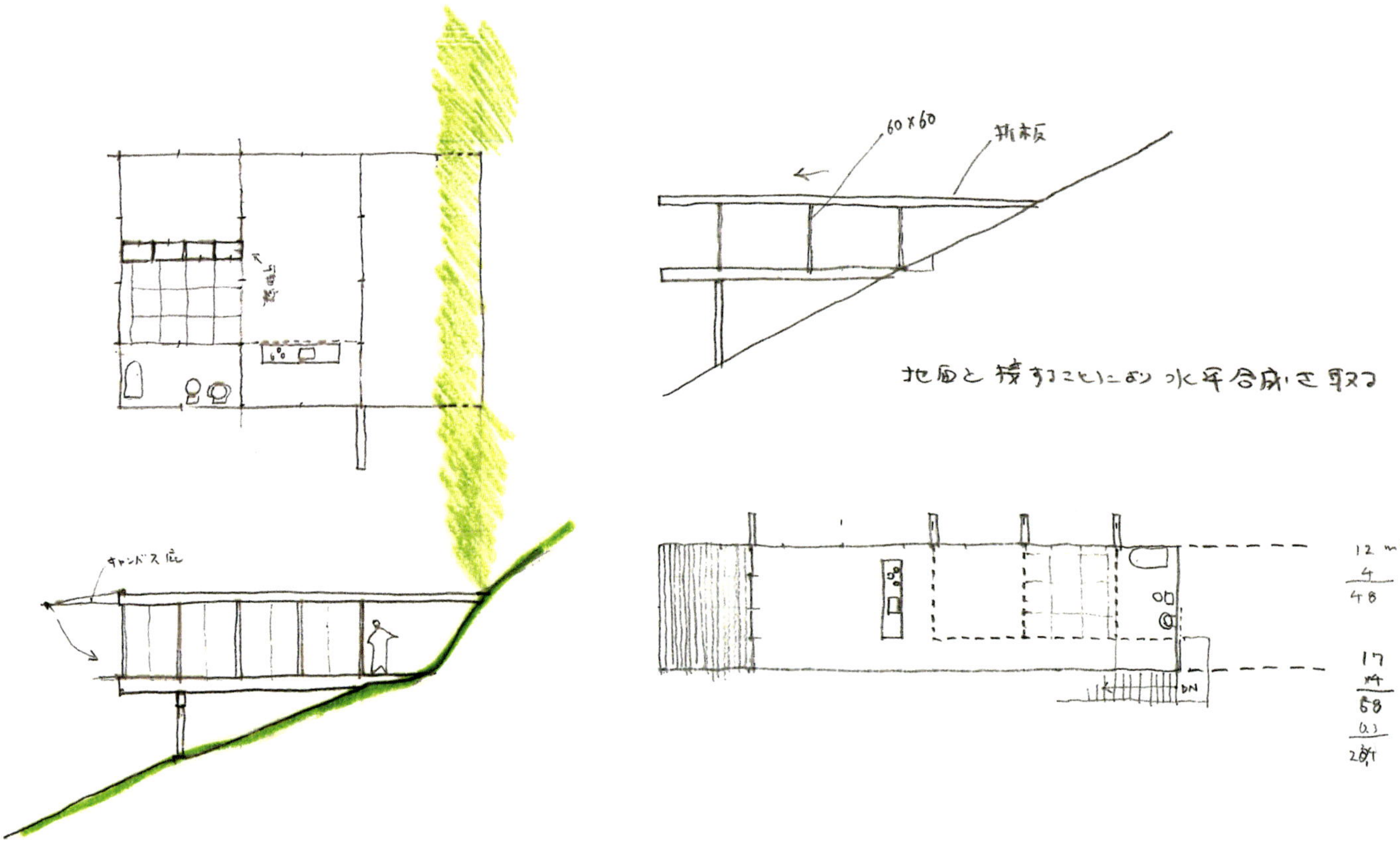

壁のない家

壁は「家のかたち」を生む上で
とても重要な
ビルディング・エレメントです。

壁の扱い一つで、「家のかたち」が
つまらなくなったり
楽しくなったりします。

私は、家のビルディング・
エレメントを減らし
よりシンプルに「家のかたち」を
生み出そう、と考えました。

壁がなくなると
床と天井だけの空間になり
まるで天と地との間に
浮かぶような暮らし方が
「家のかたち」から生まれてくるのです。

Wall Less House

Walls are an essential building element to create the form of a 'home.'

The form of a 'home' can depend deeply on the treatment of one single wall.

What would happen if a house didn't have conventional building elements, and a simpler form of 'home' could be made?

Without walls, a space is made up of the ceiling and floor alone. In this new form of 'home,' a lifestyle exists as if afloat between earth and sky.

家の設計は、他の建築——例えば、美術館やオフィスビルなどの
大きな建築を設計するよりもっと難しい作業です。
美術館やオフィスビルは規模が大きくても、
家のように一人一人違う細かな生活スタイルや価値観に合わせて設計する必要はなく、
もっと一般的な解答を見つけ出して設計をすることができるからです。
ですから、建築家も有名になって、儲《もう》けに走ったりすると、
皆、家の設計を止め、規模の大きな仕事のみをやるようになります。
その方が仕事も楽で、設計料も増えるからです。
でも、私が尊敬する建築家、ミース・ファン・デル・ローエ、ル・コルビュジエ、
アルヴァ・アアルト、そしてルイス・カーンなどは、
有名になった後も生涯、家を設計し続けました。
家の設計は自分自身をトレーニングし続ける行為ですし、
そこでいろいろなアイデアを試し、発展させられるのです。
ですから、私も生涯、家を作り続けたいと考えています。

■住宅作品年譜　　■＝掲載作品

1986年　ヴィラ TCG
1987年　ヴィラ K
1989年　M邸
1990年　ヴィラ トリイ
1991年　声楽家の家
1991年　I ハウス
1991年　ヴィラ クル
1992年　PC パイルの家
1992年　石神井公園の集合住宅
1993年　ダブル・ルーフの家
1994年　デンティストの家
1995年　家具の家 NO.1
1995年　紙の家
1995年　カーテンウォールの家
1995年　2/5 ハウス
1995年　紙のログハウス-神戸
1996年　家具の家 NO.2
1997年　壁のない家
1997年　羽根木の森
1997年　9スクウェアグリッド
1998年　アイビー・ストラクチャー 1
1998年　家具の家 NO.3
1999年　国連難民高等弁務官事務所用の紙のシェルター
2000年　アイビー・ストラクチャー 2
2000年　紙のログハウス-トルコ
2000年　はだかの家
2001年　ベニア三角格子の家
2001年　紙のログハウス-インド
2002年　ピクチャー・ウィンドウの家
2002年　竹の家具の家
2003年　ガラスシャッターの家
2003年　写真家のシャッターハウス
2004年　羽根木の森アネックス
2004年　新潟中越地震避難所用 間仕切りシステム
2005年　津波後のキリンダ村復興住宅
2005年　マルチハウス
2005年　避難所用 間仕切りシステム2
2006年　社員寮 H
2006年　メゾン E
2006年　サガポナックハウス
2006年　避難所用 間仕切りシステム3
2008年　三日月の家
2009年　ハリケーン復興住宅 MAKE IT RIGHT
2009年　生物学者の紙の家
2009年　羽根木公園の家 - 桜
2009年　楕円虚の家
2010年　ヴィラ ヴィスタ
2010年　羽根木公園の家 - 景色の道
2010年　メタルシャッターハウス
2010年　ハイチ地震復興支援　緊急シェルター
2011年　避難所用 紙の簡易間仕切りシステム4
2011年　女川町コンテナ多層仮設住宅
2013年　仙石原の家
2015年　無垢杉の家
2017年　Cast Iron House

解説

坂　茂さんとお話しして

コンセプトをまっすぐに実現する力

創造と美しさ

　私たち人間は、さまざまな物を目でとっさに判断しています。危険な物、汚れている物、強そうな物、弱々しい物。その判断によって、物への態度を変えています。その中でも美しい物は、崇高《すうこう》な感じを抱かせ、気持ちよくなり、大切なものとして長く付き合えます。美しい物と触れあうことは、人間の根源的な喜びなのかも知れません。美しいかどうかを見極める鍵となる、物の様子とは、私たちにとって一種のシグナルと言えるかも知れません。

　しかし、美しさについて誤解されやすいことがあります。それは、ひとたび「美しい」と思ってしまうと、ついそれが「美しくなるためにつくられた」と思い込みがちだということです。だけど、本当に美しいかたちのほとんどは、そのかたちに、なるべくしてなったものです。例えば花がいい例でしょう。どんなにきれいな花も、人間の目を楽しませようと思って咲いているわけではありません。人工物にも、同じことが言えます。美しいかどうかよりもまず、その環境との関係、機能や素材、作られ方、使い方といったいろんな条件が、物をひとつのかたちへと導いているのです。その導きに素直に従ってできた美しさとは、目的ではなく、結果であるわけです。

　建築にはさまざまな作られた方のタイプがあるけれど、その中でも坂さんの建築は、まさに発見的創造と呼べるものです。美しいけれど、美しくなることだけが目的ではありません。それは後から付いてくるもの。建物の美しいかたちをつくることではなく、建てる物の成り立ちを探求・整理し、あるべき姿（＝コンセプト）を発見し、それをかたちとして作り上げる。それが坂さんの創造の方法なのです。

本文の中に登場した、さまざまな家。そのどれもが、なあんだ、って思えるくらい、シンプルだったと思いませんか？　そのような建物ができる理由は、かたちとか美しさとかよりもまず、条件や与件を十分に吟味し、そこから強靭《きょうじん》で純粋なコンセプトを描き出す坂さんの設計の方法が、シンプルな美しさを生んでいたのです。

何で作るか、どう作るか

具体的な家の作り方を見てみましょう。まず、何で作るか。坂さんは、時に普通の建物では使わないような素材も使って建築を設計します。その原点は、坂さんがまだ大学を卒業してまもなくの頃、ある展覧会の会場をローコストでデザインする仕事でした。ふと事務所の片隅に目をやると、大量の紙管《しかん》が転がっていました。それらは通常、廃棄《はいき》される運命でしたが、坂さんはこの紙管を使って何か出来ないか、とひらめきました。これが坂さんと紙管の出会いでした。最初は展覧会場をデザインする材料として用いた紙管でしたが、坂さんはその後研究を重ねて、紙管がいかに建築にも適した物であるかを検証していきます。再生紙でつくられていて、安くて軽くて、どこでも手に入りやすいこと。そのうえ、ねじれにも強いこと。廃棄されていた紙管は、坂さんの発見によって大事な建築素材へと存在価値を変えました。その結果坂さんは、本文中に紹介された家だけでなく、教会や美術館までをも紙管でつくってしまいました。大事なことは、面白いから、変わっているからという理由で紙管を使うのではありません。お金がかけられないときや、移動する建築を建てるとき、難民キャンプのシェルターとしてなど、どの場合も、紙管が活躍すべきところで、適切に選ばれて使われているということです。

次に、どう作るか。建築物を建ち上げる構法は、建築の「どう作るか」の部分です。普段はなかなか私たちの目に見えることがありません。だけど坂さんは、構法をとても大事にしている建築家です。例えば紙管を使って建築を建てようとすると、木や鉄の建築と同じようにはつくれません。普通とは違う素材を選んだら、その素材で建てるための新しい構法も考案しなくてはならないのです。このことは、建築の歴史が歩んできた道そのものでもあります。鉄やガラスといった人工物が大量に生産できるようになると、それまでの木や石とは違うそれらを使って建築をつくるにはどうしたらよいか、人々は考え、実験し、工夫し、新しい建築への道を切り開いてきました。紙管だけではなく、コンテナやビールの箱なども駆使する坂さんは先人たちと同様に、一軒一軒でつくりかたの道を切り開くことによって、そのような素材で建てることを可能にしているのです。

人生に似ている

身の回りにある物、手に入りやすい物で建築をつくろうとするとき、たったこれしかない、と嘆くのは簡単です。だけど坂さんは、建築を作り出すのに今できること、今手に入る物の可能性を最大限まで引き出すために、戦います。素材を調達し、生産するための工場を見つけることから、つくるために力を合わせるべき人々とのネットワークづくりまで、建築ひとつが建つために必要な、見えない部分にも、膨大なエネルギーを注ぎ込みます。何のためか。それは、ただ普通に建てて、表面におしゃれを施《ほどこ》したようなものではなく、真に建つ意味のある建築へと向かうためです。坂さんは、ご自分の建築を語りながら、端々でこう言います。「これって人生と同じことでしょう」

坂さんが子どもの頃、家ではお母さんが洋裁店を営んでいて、何人ものお針子《はりこ》さんが働いていました。自宅には、お針子さんたちの寮もあり、そこによく大工さんが来ては、増改築を繰り返していたそうです。その様子を見ていた坂さんは、建物をつくる仕事に興味を持ちました。まだ大工さんと建築家の違いも知らない頃でした。

やがて、坂さんは高校卒業後アメリカに渡り、建築を学ぶようになりました。英語も話せない状態で渡米したこの時代を、坂さんは「これまでで一番辛かった。しかし一番得るものも多かった」と言います。坂さんのやり方は、当時から現在も変わっていません。先のことをくよくよ心配するよりもまず、飛び込んでみる。そこで問題点を見つけたら、改善する。単純なように聞こえますが、この勇気こそが、坂さんという建築家の秘密ではないか、と思うのです。

世界中のお金持ちやえらい人、普通の人、そして食べるものにさえ困っている難民の人々まで、これほどさまざまな人が使う建物をつくっている建築家は、坂さんをおいて他にいないかも知れません。その規模も、美術館といった大きな建築から、教会や住宅、仮設住宅や避難所の間仕切りまで、さまざまです。こんなにいろいろなタイプの建築を実現するためには、膨大《ぼうだい》な時間をかけて、膨大な数の人や出来事と出会っていかなくてはなりません。考え始めるだけで、途方に暮れそうな道のりですが、考えるよりまず一歩、踏み出してみる。今できること、今手に入るもので、精一杯やってみる。最初はできなくても、おかしくても構わない。どう改善して、次の一歩に進めるかが大事なこと。そのやり方は、坂さんが建築をつくるうえでも、まるで同じことなのです。

坂　茂（ばんしげる）**さんのプロフィール**

一九五七年東京生まれ。八四年クーパー・ユニオン建築学部（ニューヨーク）を卒業。八二―八三年、磯崎新アトリエに勤務。八五年、坂茂建築設計を設立。九五年から国連難民高等弁務官事務所（UNHCR）コンサルタント、同時に災害支援活動団体 ボランタリー・アーキテクツ・ネットワーク（VAN）設立。主な作品に、「ニコラス・G・ハイエック・センター」、「ポンピドー・センター－メス」、「大分県立美術館」などがある。これまでに、フランス建築アカデミー　ゴールドメダル（二〇〇四）、アーノルド・W・ブルーナー記念賞建築部門世界建築賞（二〇〇五）、日本建築学会賞作品部門（二〇〇九）、ミュンヘン工科大学　名誉博士号（二〇〇九）、フランス国家功労勲章オフィシエ（二〇一〇）、オーギュスト・ペレ賞（二〇一一）、芸術選奨文部科学大臣賞（二〇一二）、フランス芸術文化勲章コマンドゥール（二〇一四）、プリツカー建築賞（二〇一四）、JIA日本建築大賞（二〇一五）など数々の賞を受賞。二〇〇一年から二〇〇八年まで、慶應義塾大学環境情報学部教授。ハーバード大学GSD客員教授、コーネル大学客員教授（二〇一〇）を務め、二〇一一年一〇月より京都造形芸術大学教授、二〇一五年九月より慶應義塾大学環境情報学部特別招聘教授。

あとがき

私は高校を卒業すると、
すぐにアメリカに渡りました。

「建築」をアメリカのクーパー・ユニオンで学びたい、という強い一念から
アメリカ行きを決めたのです。
誰もが無謀《むぼう》と思った私の行動も、
素晴らしい人たちとの出会いと、
多くの綱渡りのような進路の選択の末の幸運により、
私は幸いにも心に描いていた〈ニューヨーク・ファイブ〉
と当時呼ばれていた建築家たちから、学ぶことができたのです。

しかし、憧れのクーパー・ユニオンで待っていたものは苦悩の連続でした。
大学のカラー（教育方針）と自分のスタイルとのギャップや
個性の強い教授（建築家）たちとの戦いでした。
それにもかかわらず、私の初期の住宅設計には
クーパー・ユニオンでの師であるジョン・ヘイダックの
影響が色濃く表れています。
それらをこの本を通して感じとってもらえたら大変嬉しく思います。

最後に、こんなに魅力的な本づくりの機会を与えてくださったこの本の
ディレクター・真壁智治さんには改めて感謝いたします。
実は、今から35年前、
私のアメリカ行きの覚悟と決断に誰よりも強く
背中を押してくれたのが真壁智治さんだったのです。
家の作り方の原則・セオリーがこのような本として体現したのも、
とても不思議な因縁だ、とつくづく私は思いました。

そして、この本を家を作ってみたい、建築家になってみたい
多くのこどもたちに贈ります。

二〇一三年三月

坂 茂

発刊のことば

2011.3.11。東日本大震災に私たちは言葉を失いました。家が、街が、瞬時にかき消されたのです。この現実を前にして私たちは、何からはじめればよいのでしょうか。

環境が人を育み、家が人を成長させてきました。家は父であり、母でもありました。家は固有な地域文化とともに人々の暮らしを支えてきました。そこでは、家族の絆や暮らしの技術が家を通して形成され、家文化が確かなものとして水脈のように流れていました。

しかし、時代の進展とともに、家の存在感自体も小さくなり、何よりも人々の家に対する信頼感も薄らぎ、急速に家は力を失っています。家の衰退は、家族の衰退、地域の衰退にもつながっていきます。

今、ここで子どもたちが、家に向き合うことが何よりも大切なのではないでしょうか。そのために建築家は何ができるのか。家に向き合う環境をつくること。そして、家の確かさや豊かさを取り戻すために、建築家が家のあり方を子どもたちに問いかけます。

新たにはじまる〈くうねるところにすむところ〉では、本の対象年齢を14歳に設定しました。この「家を伝える本シリーズ」が、家と街の指針をみんなで考えるための場になることを切に願っています。

真壁智治

写真・スケッチクレジット
平井広行　p.5、7下、11下、13、15、18、19、21、23、24、25、27、29、31
作間敬信　p.7上、淺川敏　p.17、特記以外　坂茂建築設計

くうねるところにすむところ：家を伝える本シリーズ 30
坂 茂の家の作り方

発行日　2013年3月25日　初版第1刷
　　　　2017年4月17日　初版第2刷

著者　坂　茂
発行者　下中美都
発行所　株式会社平凡社
〒101-0051 東京都千代田区神田神保町3-29
電話 (03)3230-6593[編集]
(03)3230-6573[営業]
振替 00180-0-29639
平凡社ホームページ　http://www.heibonsha.co.jp/

プロジェクト・ディレクター　真壁智治
デザイン　岡本健+
英訳者　児玉友里奈
編集　大西正紀 [mosaki]
印刷　株式会社東京印書館
製本　大口製本印刷株式会社

協賛　株式会社LIXIL

ISBN978-4-582-83588-5 NDC分類番号527
A4変型判(21.6cm)　総ページ40

乱丁・落丁本のお取替えは小社読者サービス係まで直接お送りください。

（送料は小社で負担いたします）